DESCUBRE TODO SOBRE EL COPING

Las claves para enfrentarse
al estrés en el trabajo

Por Benjamin Fléron
Traducido por Laura Soler Pinson

Coaching en50MINUTOS.es

LAS CLAVES PARA EL ÉXITO

EL *COPING*, TU ALIADO CONTRA EL ESTRÉS

- **¿Problemática?** ¿Cómo puede ayudarme la teoría del *coping* a vencer el estrés en el trabajo?
- **¿Utilidad?** El *coping* presenta un enfoque innovador del estrés del que se desprenden respuestas eficaces contra la ansiedad y, por lo tanto, permite que uno vuelva a recuperar todas sus capacidades para trabajar de forma más eficaz.
- **¿Contexto profesional?** Psicología del trabajo, recursos humanos, gestión de equipo.
- **¿Preguntas frecuentes?**
  - Quiero implementar una estrategia personal de *coping*, ¿por dónde empiezo?
  - ¿Cuál es la mejor manera de eliminar mi estrés?
  - ¿Cómo saber cuál es el estilo de *coping* que mejor se adapta a mí?
  - ¿Qué hábitos tóxicos tengo que evitar?
  - ¿Es posible llevar una vida sin estrés gracias al *coping*?

Es un secreto a voces: las fuentes de estrés en el trabajo son numerosas. Tanto empleados como jefes, directivos u obreros, autónomos o asalariados, todos tienen su ración de preocupaciones: recortes presupuestarios, restructuraciones y competencia feroz, o también presentaciones que realizar, plazos ajustados que respetar, expedientes complejos que tratar, etc. Existen muchas cuestiones que causan angustia y pueden perjudicar tu productividad. ¿Y si la teoría del *coping*, también llamada «estrategias de afrontamiento», te ayudara a enfrentarte a ello?

Debemos la aparición del concepto de *coping* al psicólogo estadounidense Richard S. Lazarus (1922-2002). Surge del inglés *to cope with*, que podríamos traducir en español como «afrontar», y designa el conjunto de mecanismos y de estrategias que empleamos para enfrentarnos a situaciones de estrés y para dominar —o, al menos, reducir— los efectos que tienen sobre nosotros.

Según esta teoría, no somos pasivos frente a los acontecimientos estresantes a los que nos enfrentamos con frecuencia, sino que reaccionamos para afrontarlos y, por lo tanto, intentamos retomar el control de la situación, respondiendo a nuestra manera. Piensa en los momentos en los que respiras profundamente antes de tomar la palabra en público. O medita también sobre tu manía de quitar hierro a un asunto repitiéndote a ti mismo, incansable, que comunicarle una mala noticia a tu jefe no es más que un mal trago. Piensa ahora en las bolsas de caramelos o en los paquetes de cigarrillos que desaparecen en un abrir y cerrar de ojos cuando se acerca una fecha límite que temes. Estas son algunas de las estrategias de *coping* más habituales.

¿Pero te has preguntado alguna vez si tus técnicas son realmente eficaces? ¿Estás seguro de que gestionas las situaciones estresantes que se presentan ante ti de la mejor manera posible? ¿Crees que logras sacarles provecho para mejorar tu productividad en vez de dejar que se conviertan en un obstáculo? Las investigaciones que se han llevado a cabo sobre el *coping* pueden ayudarte a ver las cosas más claras y a modificar tu percepción del estrés brindándote los recursos para afrontarlo de manera eficaz e, incluso, quién sabe, convertirlo en un aliado valioso.

EL ABECÉ DEL *COPING* ANTIESTRÉS

¿QUÉ ES EL ESTRÉS?

Para combatir el estrés de manera eficaz, debemos tener una concepción exacta sobre él. Los teóricos del asunto han dado más de una definición a lo largo del tiempo, asociándolo a veces con el acontecimiento que lo desencadena y, a veces, con la reacción que se inicia en la persona que lo afronta. Sin embargo, Lazarus es el primero que considera que el estrés es el fruto de la relación entre estas dos informaciones. Así, actualmente, hablamos de estrés cuando un individuo considera que las exigencias de una situación a la que se enfrenta superan sus capacidades, por lo que se crea un desequilibrio entre las expectativas puestas en él y las capacidades que él cree tener. Por lo tanto, el estrés no reside en la situación o en el individuo que responde a la situación, sino más bien en la interpretación que hace este último de esa circunstancia. Así, dos personas diferentes no tienen por qué reaccionar de la misma manera ante un mismo escenario.

- Si le atribuyes nuevas responsabilidades a una de ellas, acogerá la noticia con alegría, puesto que lo percibirá como una muestra de confianza y una señal indudable de una evolución profesional. Sin embargo, si asignas esas mismas responsabilidades a otra persona, verás cómo se muere de miedo, temerosa ante la idea de no estar a la altura de la tarea.
- Tras un despido por una reestructuración, una se esforzará de ver este duro golpe como un nuevo desafío y una

oportunidad para hacer un balance de su vida; la otra caerá en el error de pensar que tiene toda la culpa de sus males, perderá toda su confianza y le costará tremendamente recuperarse.

Además, estas mismas personas tampoco tienen por qué reaccionar de la misma manera ante este tipo de acontecimientos a lo largo de su carrera. Así, seguramente, un empleado con experiencia recibirá nuevas obligaciones de una manera más serena que cuando empezaba su trayectoria profesional. Por el contrario, puede que le resulte más difícil asimilar un despido que si hubiese sucedido durante sus inicios en el mercado laboral, cuando nadie dependía de sus ingresos.

SITUACIÓN ESTRESANTE: UNA CUESTIÓN DE PERCEPCIÓN

Pero si no existen situaciones fundamentalmente estresantes, ¿por qué algunos acontecimientos nos sacan de quicio, mientras que parece que otros resbalan sobre nosotros y no nos afectan? Puesto que el estrés se forma y se desarrolla en la relación entre la persona y su entorno, es de suponer que la respuesta a nuestra pregunta se encuentra entre ambos.

Si hacemos caso a Lazarus y a los adeptos de la teoría del *coping*, entre nosotros y cualquier situación en la que nos encontramos vamos intercalando una serie de filtros que influyen directamente en nuestra percepción. Ellos son los que desencadenan una reacción de estrés y, llegado el caso, amplifican o minimizan el impacto negativo sobre nuestro organismo, acentuando o disminuyendo el sentimiento de incomodidad que experimentamos frente a la situación. Estos filtros, tan diversos como variados, son auténticos mediadores de la relación que mantenemos con nuestro entorno y el contexto en el que evolucionamos. Resulta imposible elaborar una lista en la que aparezcan todos, pero algunos, los más importantes, marcan la diferencia y salen a la luz fácilmente.

Las situaciones ya vividas

¿Hemos afrontado ya situaciones como esta en algún momento? En caso afirmativo, ¿hemos logrado superar este trance sin problemas o, por el contrario, nos ha quedado un mal recuerdo?

Si estás acostumbrado a tomar la palabra en público, sin duda te resultará más fácil realizar una presentación complicada que a otra persona que jamás haya llevado a cabo un trabajo similar. En la misma línea, si ya has tenido que respetar plazos ajustados y has salido airoso, también sentirás menos presión cuando se vuelva a presentar una situación similar que si recibes toques de atención con frecuencia por no haber respetado jamás las fechas límite.

La personalidad

Los individuos con un carácter más perfeccionista y meticuloso estarán sujetos al estrés más rápidamente que las personas tranquilas y relajadas, de la misma manera que los trabajadores movidos por un espíritu de competitividad se mostrarán más sensibles ante la presión del resultado que los despreocupados que le otorgan poca importancia.

Existen rasgos del carácter que predisponen al estrés y a la ansiedad y otros que protegen de él.

Las creencias y la autoestima

¿Tiendes a maldecir el destino por los trances que vives, atribuyéndole las malas noticias y los duros golpes? ¿Quizás eres más de los que creen en sí mismos y en su capacidad para afrontar cualquier dificultad? ¿O por el contrario te falta seguridad y autoconfianza, hasta el punto de bloquearte en cuanto sales de tu zona de confort?

Sin duda, tus creencias y tu autoestima condicionan tu análisis de una situación. Así, resulta evidente que sentirás menos los efectos del estrés si estás convencido de que puedes desenvolverte en cualquier tipo de situación que si no confías en tus propias capacidades.

El entorno

El apoyo moral e incondicional de una familia afectuosa, la capacidad de escucha de amigos leales, la ayuda práctica de compañeros de trabajo serviciales y el reconocimiento de un jefe que te valora (o de empleados que te admiran y te respetan) son parte de nuestras bazas para enfrentarnos a las dificultades con serenidad. Por el contrario, una familia desunida, amistades tóxicas, compañeros celosos y un superior que te desprecia hasta el punto de ignorar tu nombre se convertirán en factores facilitadores del estrés.

La higiene de vida

Una alimentación sana y variada, buenos hábitos de sueño

y una actividad física regular permiten que te sientas bien contigo mismo y que te pongas automáticamente en un estado favorable para afrontar los problemas del día a día.

Los mecanismos conscientes

Algunos luchan conscientemente contra el estrés y la ansiedad con ayuda de métodos y de mecanismos que se emplean expresamente para ello. Así, la práctica de un deporte, las sesiones de yoga o de relajación, las pausas regulares para fumar, el trago en el bar de la esquina para relajarse tras una dura jornada o, incluso, las sesiones mensuales en el psicólogo son medios muy eficaces para reforzar tu capacidad de gestión de la ansiedad.

LOS FILTROS Y SU PAPEL

Estos distintos filtros, que actúan como tantos intermediarios entre nosotros y nuestro entorno, rigen y regulan nuestra relación con el mundo, pero no todos desempeñan el mismo papel.

- Evaluación: a través de criterios como nuestra experiencia personal y nuestra confianza en nuestras aptitudes, evaluamos la situación que se presenta ante nosotros y analizamos su peligro potencial en función de nuestros recursos. Así, teniendo en cuenta nuestras capacidades, ¿ese acontecimiento al que nos enfrentamos nos hace correr un riesgo? ¿Debería preocuparnos la situación que se presenta ante nosotros? En caso afirmativo, ¿hasta qué punto?

- *Coping*: una vez que se ha llevado a cabo esta evaluación, intervienen otros filtros como los mecanismos conscientes y la higiene de vida, que asumen una función de *coping*, cuyo objetivo es reducir al máximo los efectos del estrés que genera una situación, llegando a eliminar el rastro si es posible.

LAS ESTRATEGIAS DEL *COPING*

Aunque existen muchas maneras de combatir el estrés y de reducir sus efectos, con el paso de sus investigaciones, Lazarus y los teóricos de las estrategias de afrontamiento han logrado clasificar estos distintos métodos y estrategias en dos categorías distintas, con las que han dado voz a dos maneras diametralmente opuestas de abordar situaciones que generan estrés y de responder a ellas:

- las estrategias centradas en el problema (o estrategias de confrontación). Frente a una situación que les supera, las personas que optan por las estrategias de confrontación se centran en el problema e intenta tomar el control atacándolo de frente, ya sea reuniendo el máximo de información posible sobre el tema o estableciendo un plan de acción que permita retomar el dominio sobre los acontecimientos. El *coping* centrado en el problema intenta eliminar el problema de raíz, abordando directamente las causas del estrés;
- las estrategias centradas en la emoción (o estrategias de evitación). Por el contrario, las personas que practican

las estrategias de evitación se concentran más en ellas mismas y en sus emociones y apartan la mirada del problema para reducir mejor el impacto emocional. El *coping* centrado en la emoción no aborda la propia situación problemática, sino que se dedica más a reducir las consecuencias sobre la persona.

Independientemente de los métodos y estrategias de *coping* a los que des preferencia, sin duda corresponderán a una de estas dos categorías.

En una situación que te genera ansiedad, quizás eres de los que ataca el problema de frente. Por ejemplo, si estás nervioso ante la idea de tomar la palabra en público, pasarás las semanas previas a tu intervención leyendo un gran número de libros sobre el tema e informándote sobre los trucos de los mejores oradores. Si estás estresado porque crees que no vas a terminar un trabajo a tiempo, te tomarás el problema en serio, no mirarás la hora y te resistirás a tomarte una pausa. O, quizás, si estás enfadado con un compañero o un subordinado, plantearás una conversación para aclarar el asunto y expresar tus quejas.

O puede ser, por el contrario, que te muestres más proclive a buscar el apaciguamiento en otro lugar y prefieras alejar tus pensamientos del problema. Si estás herido por las críticas incesantes de tu superior, aliviarás la presión sudando la gota gorda en el gimnasio. O, por ejemplo, si estás ansioso a unos minutos de una presentación vital, intentarás relajarte pensando en otra cosa o fumando un último cigarrillo. O también, si te encuentras en una posición delicada en tu empresa, dejarás tu futuro en manos del destino, argumentando que nada ocurre por casualidad y que, pase lo que pase, «no hay mal que por bien no venga».

Para acabar, puede ser también que combines varias de estas estrategias quemando muchas toxinas y calorías antes de abordar de nuevo el problema con una mente más clara y tranquila.

LA EFICACIA Y LOS LÍMITES DE LA TEORÍA

Un *coping* adaptado

Fundamentalmente, las estrategias de *coping* centradas en el problema no son más eficaces que los métodos que se centran en la emoción y viceversa, como tampoco existe una respuesta milagrosa que funcione para todos los casos. Una estrategia resulta eficaz si alcanza su objetivo, es decir, si disminuye la ansiedad y suprime en la medida de lo posible la incomodidad y la impresión de desequilibrio que uno siente frente a una situación determinada. No obstante, implementar algunas formas de *coping* puede ser más o menos interesante, según el tipo de situación al que nos enfrentamos.

- Así, por norma general, frente a un acontecimiento incontrolable sobre el que no ejercemos influencia y contra en el que no podemos luchar, una estrategia «pasiva» de evitación nos llevará a unos mejores resultados. Por ejemplo, un trabajador que se encuentre en proceso de despido asumirá mejor la noticia si se resigna ante lo inevitable en vez de luchar en vano. Cuando es imposible resolver un problema de raíz, es aconsejable que intentemos reducir al máximo sus consecuencias adaptándonos lo mejor que podamos.

- Por el contrario, en la mayoría de los casos, una estrategia «activa», decididamente centrada en el problema, será más eficaz si podemos hacernos de nuevo con el control de la situación con algunos esfuerzos. Así, un joven autónomo, preocupado por lanzar su primera pyme, reducirá mucho su ansiedad si se informa de manera proactiva acerca de los riesgos de una empresa de esas características y si elabora un plan de acción que le garantice el éxito.

Si simplemente seguimos esta norma básica y elegimos el tipo de estrategia adecuado en función de lo controlable que es el acontecimiento que nos preocupa, evitaremos un gran número de escollos habituales en el mundo de la empresa y suprimiremos una buena parte de las malas costumbres que mantenemos vivas y que perjudican nuestro bienestar y nuestra productividad.

Las malas costumbres que generan estrés

Hacer un buen uso del concepto de *coping* puede ayudarnos a deshacernos de estas tendencias nefastas que son contraproducentes.

- La procrastinación. Resulta tentador dejar para mañana una tarea fastidiosa y obligatoria, pero si retrasas el momento de enfrentarte a ella, solo te estarás tomando un descanso que habrá que devolver con intereses. Expedientes que se amontonan, retrasos que hay que recuperar, noches en vela, etc. Puedes ahorrarte estos problemas y este estrés inútiles si dejas de postergar asuntos. Recuerda: por norma general, cuando es posible actuar sobre la situación, afrontar con honestidad el problema será más eficaz que pasarse el tiempo evitándolo.

- El perfeccionismo. Ten siempre en mente estos dos principios inamovibles: es imposible contentar a todo el mundo y la perfección no existe. Lo que te parece perfecto a ti no tiene por qué serlo para tu jefe, tus clientes o tus empleados, y viceversa. Sé exigente contigo mismo y con los demás, pero intenta no albergar expectativas desmedidas, puesto que podrías desarrollar un sentimiento de frustración. El impacto que tienes sobre lo que piensa el otro siempre será limitado. Si das lo mejor de ti y eso no basta, busca un medio para atenuar las consecuencias de la situación sobre tu estado de ánimo adoptando una estrategia de evitación (haz deporte, relájate, relativiza, etc.) en vez de perder tiempo buscando la aprobación de los demás.

- La necesidad de controlarlo todo. Algunas situaciones escapan a tu control y no puedes remediarlo. Existen problemas como una competencia feroz debida a la apertura de los mercados, un despido por motivos económicos, un compañero completamente celoso, un jefe de departamento totalmente desagradable, etc., y sería muy ingenuo intentar abordar la raíz del problema en tales circunstancias, así que más vale que te concentres en tus emociones.

- El miedo a decir que no. Tus jornadas no pueden alargarse: si ya tienes demasiado trabajo, no empeores la situación por miedo a que te llamen vago, incapaz o te consideren un colega antipático. Si intentan confiarte una tarea que no está entre tus funciones, muéstrate firme e indícalo.

Si no estás cualificado o si te ves apurado, tendrás la sensación de no estar a la altura. También podrías llegar a albergar un resentimiento hacia la persona que te ha puesto en esta situación incómoda y hacia ti mismo por no haber sabido decir que no. Dado que eres tú quien decide, no puedes solucionarlo con una huida: ataca el problema de frente para eliminar de raíz el posible estrés.

- El descuido del aspecto relacional. Independientemente de tu puesto dentro de la empresa, un ambiente de trabajo nocivo y unas relaciones profesionales conflictivas llevarán inevitablemente a una pérdida de la motivación colectiva y a un descenso general de la productividad. Por el contrario, una buena cohesión entre compañeros y una buena relación entre superiores y subordinados garantizarán a todos los trabajadores una mayor resistencia a las fuentes de estrés inherentes al mundo de la empresa. Si sientes que el ambiente no está en su mejor momento, puedes originar una conversación para exponer el asunto y partir de nuevo sobre una base saludable.

- El miedo a pedir ayuda. A veces, capear determinados temporales es particularmente difícil y nadie te obliga a enfrentarte en solitario a ellos. No debes avergonzarte de buscar apoyo de seres cercanos, de compañeros o, incluso, de profesionales que podrían ayudarte a superar estos trances. Nunca es positivo que te aísles y que te quedes solo ante tus dudas, y el simple hecho de desahogarte ya te quitará un peso de encima. Si has intentado implementar una estrategia de confrontación sin éxito y te ha dejado desamparado, o si te has refugiado en una estrategia de evitación con el objetivo de protegerte, es hora de cambiar de táctica. Visitar a una persona de confianza implica trabajar a la vez en el impacto emocional de la situación y en el origen de problema.

- El trabajo sin interrupción. No es bueno ceder ante la procrastinación, pero tampoco lo es no concederse jamás momentos de relajación. Tómate un tiempo para ti, puesto que es necesario desconectar a intervalos regulares para recargar las pilas y evitar un sobrecalentamiento. Haz deporte, lee, sal. En definitiva, cambia de aires.
- Las adicciones. El alcohol, la nicotina, la cafeína, y los ansiolíticos, entre otros, son sustancias que generan dependencia si no se tiene cuidado. Es cierto que, en pequeñas dosis, te ayudan a relajarte, pero pueden volverse contraproducentes rápidamente y provocar una cantidad ingente de daños. Ten en mente que hace falta moderación en todo. Aunque las estrategias de evitación no son malas de por sí, la huida jamás ha resuelto un problema.

Cuando el estrés es inevitable

Aunque la teoría del *coping* resulta particularmente eficaz para analizar las situaciones de estrés y los momentos de tensión psicológica y, por lo tanto, gestionarlos de la mejor manera posible, obviamente sería presuntuoso y, como mínimo, irrealista, creer que se puede acabar de manera definitiva con el fenómeno del estrés en el trabajo gracias a esta idea.

Tal y como hemos visto, la manera en la que interpretamos los acontecimientos que se presentan ante nosotros y nuestra resistencia al estrés dependen de muchos criterios diferentes y no se basan únicamente en las distintas estrategias que implementamos para afrontarlos. Aunque es totalmente factible que elijamos a conciencia un tipo de respuesta que proporcionaremos ante una situación determinada en función de sus características, existen variables sobre las que es difícil —por no decir imposible, en algunos casos— influir. Así, nuestra personalidad, con nuestros rasgos de carácter que conforman nuestra identidad, nos predispone a una mayor o menor vulnerabilidad frente al estrés, volviéndonos más o menos sensibles a las situaciones que podrían generarlo, sin que podamos hacer nada al respecto. De la misma manera, no podemos fingir cómo lo vivimos: es difícil reaccionar como un lince frente a una situación que jamás hemos vivido, a pesar de los esfuerzos que hagamos para abordarla de esta manera.

Es importante que no perdamos de vista que, aunque la teoría del *coping* nos ofrece recursos para aprender a dominar los efectos del estrés y a reducir sus perjuicios, no tiene como objetivo que nos deshagamos de manera definitiva de este fenómeno, puesto que a veces, en algunas circunstancias, puede resultar muy útil.

EL ESTRÉS, MI ALIADO

De hecho, aunque ya está demostrado que demasiado estrés puede tener consecuencias desastrosas en nuestro bienestar y en nuestra salud, provocando daños físicos (enfermedades cardíacas, hipertensión, úlceras de estómago, problemas de piel, pérdidas y aumentos de peso importantes, etc.) y psicológicos (cansancio mental, accesos de ira incontrolables, sentimiento de inutilidad o de frustración, irritabilidad, tendencia a la depresión y al aislamiento, etc.), sabemos que una dosis justa de estrés puede resultar beneficiosa y mejorar nuestro rendimiento laboral si logramos sacarle partido.

Así, el aumento de adrenalina en la sangre y la aceleración del ritmo cardíaco que derivan de ello pueden mejorar brevemente nuestras capacidades físicas e intelectuales y volvernos momentáneamente más eficaces gracias a un oportuno exceso de energía corporal y a una mayor agudeza cerebral. De la misma manera, el estrés y las distintas manifestaciones que derivan de él pueden convertirse en unas valiosas señales de peligro, indicadores precursores de que algo grave y pernicioso se está tramando. Músculos que están en tensión constantemente, migrañas insistentes, dolores agudos, un comportamiento cada vez más irritable y una susceptibilidad a flor de piel o, incluso, un consumo más elevado de alcohol, de café o de chocolate son señales a las que hay que prestar atención si deseamos evitar el tristemente famoso síndrome de desgaste profesional o *burnout*.

Aunque ya no hace falta demostrar que el estrés malo tiene efectos devastadores y que es importante armarse de recursos para afrontarlo de manera adecuada, es igual de importante tener en mente que el estrés también puede ser útil, productivo y estimulante y que, a menudo, resulta indispensable para superar con éxito los desafíos y los retos más difíciles. Por lo tanto, no todo el estrés es malo, pero hay que aprender a gestionarlo.

LOS MEJORES CONSEJOS

- Desarrolla tu autoestima. No te han contratado por casualidad, sino porque se ha considerado que tenías las capacidades necesarias para satisfacer las exigencias de tu puesto. ¿Por qué habrías de dudar de ello? Confía en tu capacidad de adaptación a las situaciones nuevas y sírvete de tus experiencias pasadas para ello. ¿No ha habido una primera vez para cada una de las tareas que efectúas hoy en día sin esfuerzo y casi sin pensar?

- En este sentido, aprende a poner en perspectiva cualquier asunto. No olvides nunca que lo que te causaba nerviosismo ayer probablemente ya no tenga ninguna importancia hoy. No existe ninguna razón para que lo que te inquieta en este momento no acabe de la misma manera en un futuro. Por lo tanto, no sirve de nada darle mucha importancia: pon las cosas en perspectiva y relativiza.

- Acepta tus errores. Nadie es perfecto y tanto tus compañeros como tu superior se equivocan de vez en cuando. No solo te define tu trabajo y tu vida no empieza cuando entras en tu empresa. Eres mucho más que eso. Por lo tanto, ¿por qué unas dificultades profesionales pasajeras significarían obligatoriamente que no vales para nada? Hazte cargo simplemente de tus responsabilidades y busca una solución.

- Cuida tu higiene de vida. Tener una alimentación sana y equilibrada, unos buenos patrones de sueño y una actividad física regular no te va a proteger contra el estrés, pero te permitirá afrontar los imprevistos de la vida laboral en las mejores condiciones. Por el contrario, si recurres con frecuencia a estimulantes como la cafeína, el tabaco y el alcohol, solo te volverás más débil y más receptivo a los estímulos que pueden estresarte. Constrúyete una armadura; no caves tu propia tumba.

- Toma tiempo para ti y aprende a desconectar. Nadie duda de que tu vida profesional es importante, pero eso no significa que tenga que prevalecer sobre tu vida privada. Aunque es comprensible que, a veces, te lleves el trabajo a casa, sobre todo cuando tienes algunas dificultades pasajeras o cuando se avecina una presentación importante, no puede ni debe preocuparte constantemente. Ten una vida fuera de la oficina. Vacía tu mente de los problemas ligados al trabajo y dedícate con frecuencia a una actividad que sirva como válvula de escape. Son muchas y variadas las posibilidades: correr, sesiones de musculación, iniciación al yoga, cursos de cocina, de pintura, de barro, etc.

- Encuentra una persona de confianza con quien hablar. No importa si es un pariente, un amigo, un compañero o un especialista: es fundamental poder contar con alguien que nos escuche con atención, a quien podamos confiar con total libertad nuestras dudas y preocupaciones. Esta persona de confianza, que tiene la perspectiva que seguramente te falta para analizar la situación, te ayudará a relativizar tus problemas y podrá proporcionarte algunas vías de reflexión en las que no habrías pensado por ti solo. Además, el simple hecho de poner palabras a tus problemas y expresarlos en voz alta te liberará de un peso y te hará mucho bien. Esconder tus preocupaciones y acallarlas no es la solución, puesto que, al final, acumular cada vez más tensión solo te llevará a implosionar (depresión, síndrome de desgaste profesional) o a explotar (accesos bruscos de ira, agresividad irracional incontrolada).

- 20 -

PREGUNTAS FRECUENTES

QUIERO IMPLEMENTAR UNA ESTRATEGIA PERSONAL DE *COPING*, ¿POR DÓNDE EMPIEZO?

Ante todo, para poner en marcha una estrategia de *coping* personal y eficaz, es importante plantearse las preguntas correctas:

- ¿Qué factores influyen en mi relación con el mundo y en la percepción que tengo de mi entorno y de los acontecimientos que marcan mi camino? ¿Es mi educación, mi edad, mi sexo, mi amor propio, mi higiene de vida, mi círculo social? ¿En qué medida el estrés que siento deriva de ello y qué puedo cambiar?
- ¿Qué mecanismos he puesto en marcha conscientemente para luchar contra el estrés y sus efectos? ¿En qué medida y en qué circunstancias son eficaces? ¿Puedo emplear otros? En caso afirmativo, ¿cuáles?
- ¿Puedo luchar en igualdad de condiciones con la situación que me estresa para superarla o sería mejor si me atengo a reducir las consecuencias sobre mi bienestar y mi productividad a través de medios indirectos?

¿CUÁL ES LA MEJOR MANERA DE ELIMINAR MI ESTRÉS?

Desgraciadamente, no existe un método milagroso que te permita deshacerte del estrés para siempre, igual que tampoco existen estrategias de *coping* más eficaces que otras, independientemente del contexto y de las características del acontecimiento que está generando el estrés. Todos los métodos de *coping* son potencialmente eficaces, siempre y cuando se empleen de forma adecuada.

Así, ante una situación que escapa a nuestro control, como un despido por razones económicas, es aconsejable atenerse a reducir las consecuencias mediante una estrategia de evitación centrada en la emoción. Por lo tanto, daremos preferencia al apaciguamiento a través de la relajación o de la práctica de una actividad física, por ejemplo.

Por el contrario, en líneas generales, cuando es posible actuar directamente sobre la situación problemática, es más interesante intentar resolver el problema desde la raíz, abordando directamente las causas. Por ejemplo, en el caso de que el ambiente de trabajo sea nefasto, podemos provocar una conversación para sacar a la luz las causas del mal ambiente general, en vez de intentar reducir los impactos negativos.

¿CÓMO SABER CUÁL ES EL ESTILO DE *COPING* QUE FUNCIONA MEJOR PARA MÍ?

Solo tienes que pensar en tus propias costumbres. ¿Cómo reaccionas, por norma general, en situaciones de estrés? ¿Eres de los que postergan constantemente el momento de afrontar el problema o eres de los que prefiere controlarlo todo para tranquilizarte? ¿Acostumbras a beber un trago después del trabajo para olvidar los problemas relacionales que tienes con tus compañeros o prefieres dedicar tu energía a pensar en la mejor manera de solucionar los asuntos con ellos?

Sin embargo, es posible que no tengas un estilo preferido propiamente dicho. Así, puede que en algunas circunstancias utilices estrategias centradas en el problema, mientras que, en otras, prefieras utilizar estrategias centradas en la emoción, en función de tus experiencias pasadas.

¿QUÉ HÁBITOS TÓXICOS TENGO QUE EVITAR?

Las estrategias de evitación distan mucho de ser perjudiciales: es muy importante aprender a dominar los efectos de la ansiedad sobre nuestro organismo y nuestra psicología. Sin embargo, es aún más importante que no lo convirtamos en estrategias de huida.

Una copa para relajarse tras una jornada agotadora o un cigarrillo para tranquilizarse antes de una reunión importante no son malas costumbres de por sí, pero es importante que no caigamos en excesos que lleven a la dependencia de tales sustancias. Esto solo añadiría estrés y causaría daños irreversibles en tu salud física y psicológica. Abordar la raíz del estrés en un momento u otro sigue siendo, por lo general, indispensable.

¿ES POSIBLE LLEVAR UNA VIDA SIN ESTRÉS GRACIAS AL *COPING*?

Es imposible llevar una vida completamente liberada del estrés, con o sin *coping*. Esta técnica te ofrece los medios para responder de manera eficaz, te ayuda a reducir el impacto negativo sobre tu organismo y, a veces, te permite eliminar la causa, pero jamás logrará que desaparezca por completo. Variables que no dependen de nuestra voluntad, como nuestra personalidad y nuestra experiencia, también tienen un impacto en nuestro grado de resistencia ante el estrés.

De todas maneras, una liberación de este calibre no sería deseable, dado que el estrés puede resultar útil, sobre todo cuando nos aporta el incremento de energía necesario para efectuar algunas tareas, o como señal de alarma que centra nuestra atención en posibles problemas más graves agazapados en la sombra (depresión, síndrome del desgaste laboral, etc.).

¡AHORA ES TU TURNO!

No existe un método mágico que pueda aplicarse a todas las situaciones y que funcione siempre. Dominar el estrés no siempre es fácil ni factible. Por ello, y tal y como acabamos de ver, a menudo es posible eludirlo y siempre es posible considerar con más serenidad las situaciones a las que no podemos escapar. Para ello, basta simplemente con disponer de la buena hoja de ruta, del buen plan de acción. ¡Y tú debes elaborar ese plan!

No te preocupes, no hace falta ser un genio. Simplemente, utiliza lo que acabas de aprender. Al aplicar para cada situación estresante una tabla de lectura donde plasmar las razones de ese sentimiento, aparecerán por sí solas las distintas posibilidades de respuestas recomendadas.

Plan de acción

Situación estresante	Razones del estrés	*Coping* centrado en el problema	*Coping* centrado en las emociones
Primera presentación ante mi superior	• Falta de experiencia	• Pedir consejo a alguien con más experiencia • Informarme • Practicar	• Acordarme de mis otras «primeras veces» que se saldaron con éxito
Redacción de un expediente importante	• Miedo de la opinión que mi superior tendrá de mi trabajo, ya que soy perfeccionista	• Darme un tiempo limitado para ejecutar esta tarea y respetarlo	• Relativizar
Restructuración en la empresa	• Situación que escapa por completo a mi control	• Pedir una evaluación a mi superior y trabajar mis puntos débiles • Buscar otro trabajo sin esperar	• Hacer deporte • Hablarlo con alguien cercano

No olvides que todo el mundo es distinto y que, aunque algunas verdades son casi inamovibles, lo que funciona para ti no tiene por qué funcionarle a tu vecino, y viceversa. Además, no dudes en destacar qué estrategias te han resultado particularmente eficaces y en qué circunstancias, y con qué métodos no has obtenido las expectativas esperadas.

Solo tú puedes determinar con precisión la hoja de ruta más adaptada.

PARA IR MÁS ALLÁ

FUENTES BIBLIOGRÁFICAS

- Bruchon-Schweitzer, Marilou. 2001. "Le coping et les stratégies d'ajustement face au stress". *Recherche en soins infirmiers*. n.º 67, 68-83. Toulouse: A.R.S.I.
- Brun, Jean-Pierre y Josée Martel. 2003. *La santé psychologique au travail. De la définition du problème aux solutions*. Ginebra: Cátedra en gestión de la salud y de la seguridad en el trabajo en las organizaciones de la Universidad de Laval.
- Durand Uberti, Marie-Laure. "Travail: la bonne méthode pour gérer son stress". *Psychologies*. Consultado el 6 de febrero de 2017. http://www.psychologies.com/Travail/Souffrance-au-travail/Stress-au-travail/Articles-et-Dossiers/Travail-la-bonne-methode-pour-gerer-son-stress
- Fontana, David. 1990. *Gérer le stress*. Bruselas: Mardaga.
- Hazanov-Boskovitz, Ofra. 2003. *Étude du coping des adolescents dans un contexte expérimental*. Tesis de doctorado en psicología. Ginebra: Universidad de Ginebra.
- Nogues-Ledru, Marie-Pierre. "10 pistes pour retrouver confiance en soi au travail". *L'express*. Consultado el 6 de febrero de 2017. http://www.lexpress.fr/emploi/gestion-carriere/10-pistes-pour-retrouver-confiance-en-soi-au-travail_1320649.html
- Oficina Internacional del Trabajo. 1993. "Chapitre 5: Le stress dans le monde du travail". *Le travail dans le monde*. Ginebra.

- Paulhan, Isabelle. 1992. "Le concept du coping". *L'Année Psychologique*, vol. 92, 545-557. París: NecPlus.
- Piquemal-Vieu, Laurencine. 2001. "Le coping une ressource à identifier dans le soin infirmier". *Recherche en soins infirmiers*, n.º 67, 84-97. Toulouse: A.R.S.I.

en50MINUTOS.es
Historia
Economía y empresa
Coaching
Book Review
Salud y bienestar
EL DIAGRAMA DE ISHIKAWA
Solucionar los problemas desde su raíz
Material Método Máquina
Madre Naturaleza Medida Hombres
Economía y empresa
LA GUERRA DE PALESTINA DE 1948
DOMINA EL ARTE DEL NETWORKING